AF268253

NOTICE

SUR

LA MAISON DE BOUBERS-ABBEVILLE-TUNC,

(Ponthieu.)

NOTICE

SUR

LA MAISON DE BOUBERS-ABBEVILLE-TUNC

(Ponthieu).

Paris. — Imprimerie SCHNEIDER ET LANGRAND, rue d'Erfurth, 1.

NOTICE

EXTRAITE DE L'ARMORIAL DE LA NOBLESSE DE FRANCE

ET DE PLUSIEURS AUTRES OUVRAGES HÉRALDIQUES

CONCERNANT

LA MAISON DE BOUBERS-ABBEVILLE-TUNC,

PONTHIEU.

ARMES :

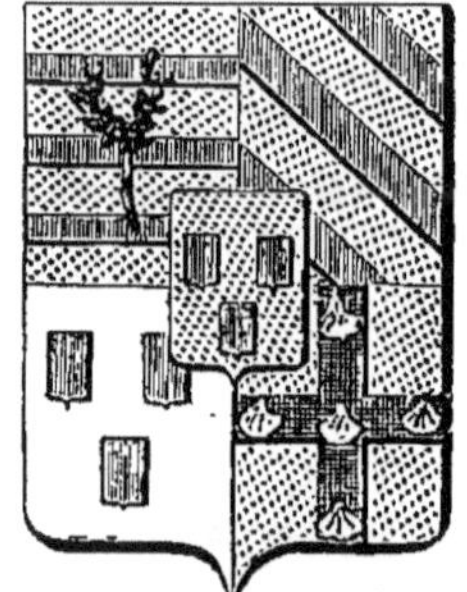

Ecartelé, au 1er d'or à trois fasces de gueules, à une chênure ou branche de gui de chêne ensanglantée, posée brochant sur les trois fasces.

Au 3e d'argent à trois cœurs ou écussons de gueules, 2 et 1, qui est de Boubers-Abbeville-Tunc.

Au 2e d'or à trois bandes de gueules, qui sont Ponthieu ancien.

Au 4e d'or à la croix de sable chargée de cinq coquilles d'argent, qui est de Reinneval-Bernâtre.

Et sur le tout d'or à trois écussons de gueules, 2 et 1, qui est Abbeville-Boubers-Tunc.

SUPPORTS :

Deux tritons sonnant de la conque marine.

DEVISE :

« SANZ AIDE. »
Abbeville-Boubers-Tunc.

Le chef actuel de cette maison est AMÉDÉE-CHARLES-MARIE, comte DE BOUBERS-ABBEVILLE-TUNC, né le 15 avril 1765, ancien capitaine de cavalerie au corps royal des carabiniers de Monsieur, depuis le roi Louis XVIII;

Commandant supérieur pour le roi dans l'arrondissement d'Abbéville en 1815, chevalier de Saint-Louis, etc., etc.

1845

Marié, le 22 avril 1789, à Anne-Charlotte-Élisabeth de Buissy de Long.

De ce mariage sont issus : 1° † *Amédée-Victor ;*

2° Alphonse-Alexandre-Charles, épouse demoiselle Mathilde de Cordai ;

3° Aure-Pauline-Henriette, mariée à André-Félix, vicomte de Faïolle (*Voy.* ce nom) ;

4° Yde-Rose-Blanche, épouse Jules du Mainiel de Saveuse.

Cette maison, connue sous les noms et surnom de Boubers-Abbeville-Tunc, et sous celui de vicomtes de Bernâtre (*Bernardi castro*), est l'une des branches cadettes des comtes de Ponthieu (anciens) issus de Walbert, qui fut chef du pays depuis nommé Ponthieu, lequel était issu des Walbert Ier, IIe, IIIe et IVe, relatés comme chefs de la Morinie, habitée par les *Britanni Morini*, dans l'*Histoire de Cambrésis*, à l'article de *Saint Waubert*, qui était de cette maison, et dont le nom est devenu, par altérations dans l'idiome, Boëberk, puis Bouberch, et enfin Boubers, noms étymologiquement identiques. On peut citer à l'appui de cette origine un passage d'un cartulaire de l'abbaye de Saint-Aubert (à Cambrai) dont il fut le fondateur, dans lequel on lit : « Un Walberk est l'auteur du nom des seigneurs de Bouberk. »

On a objecté que le berceau des *Boubers* sur *Authie* était *Boubers* sur *Canche*, et qu'on ne connaît point de titre qui les rattache à l'illustre maison des *Boubers* sur *Somme*. (*Nobiliaire nouveau de Picardie.*) Cette objection nous fournit l'occasion d'en donner d'irrécusables.

Et d'abord, l'auteur reconnaît que *Boubers* sur *Canche* est le berceau des *Boubers* sur *Authie* (Bernâtre), mais ne se rattachant pas aux *Boubers* sur *Somme*.

Or voilà trois familles du même nom existant à une distance l'une de l'autre seulement de cinq lieues ; il est évident que si l'auteur de l'objection en avait connu une quatrième, il en aurait fait mention. Cette quatrième a existé à la même distance de celle sur Canche, au pied des monts Saint-Angilbert (aujourd'hui Inglevert), près Calais ; mais détruite dans le dixième siècle par les dévastations incessantes des hommes du Nord, il n'en est resté vestige que dans les très-anciennes cartes du pays. Celle-là fut le véritable berceau, la première habitation des premiers du nom de Bouberk (altération de celui des Waldberch), chefs (*subreguli*) de la Morinie.

Nous allons fournir la preuve de cette version par un titre dont on ne contestera pas l'authenticité : c'est la lettre (antépénultième de saint Bernard) dont voici le préambule, et l'extrait relatif au sujet que nous traitons :

« Viro illustri, jam quoque a nobis dilecto, Rorgoni de Abbatis villa, Bernardus « Clarævallis vocatus abbas, salutem et nostras orationes… Rogamus tuam dilectio- « nem ut terram istam quæ *tui juris* est, in parœcia de *Curreni… tibi tuisque* ante- « cessoribus… fuit, ecclesiæ de Alchi (*Auchi-les-Moines*) in eleemosynam concedere « digneris ; quatenus et animæ tuæ et animabus antecessorum et successorum « tuorum, apud Deum, hoc proficiat beneficium, etc. »

Cette demande d'une portion de domaine dans la paroisse de « *Curreni* » sur Canche en faveur de l'abbaye d'Auchi-les-Moines est adressée à Rorgon d'Abbe-

ville, de qui la chronique de Rumet dit : « Il était, comme j'ai vu par titres du
« prieuré de Saint-Pierre d'Abbeville, fils de Simon et neveu d'Odeulard, petit-fils
« de Thibault d'Abbeville, seigneur de Tunc, ainsi qualifié dans la charte de con-
« firmation de l'évêque d'Amiens, en 1225, et enregistrée à la cour des comptes. »

Dans la charte de fondation de l'Hôtel-Dieu d'Abbeville, en 1158, on voit que
Rorgon est père de Girard Ier, aïeul de Girard II, qui, dans le cartulaire de Valoires,
se qualifie en ces termes :

« Omnibus præsentes litteras inspecturis, ego Girardus de Abbatis villa, miles et
« dominus de *Boberch*, salutem in Domino, etc. »

Il fut bisaïeul de Girard III, auquel se rapporte cet extrait des chroniques de
Rumet, d'un aveu fourni en 1367 à Charles V, dans lequel il déclara qu'à cause de
la noblesse de sa pairie, il a eu son surnom ancien d'Abbeville, seigneur de *Bou-*
berch, et qu'en fait d'armes, de guerre, de joutes et de tournois, son droit cri est :
Abbeville ! comme anciennement lui et ses devanciers seigneurs de Bouberch ont
usé et accoutumé de faire, etc., etc. (*V.* l'article *Abbeville* dans le t. IV des *Mé-*
moires de la Société des antiquaires de Picardie, p. 369, pour la preuve qu'Abbeville a été originairement une seigneurie féodale.)

Ces documents établissent avec certitude que Rorgon était de Boubers sur
Somme, la lettre de saint Bernard prouve de même qu'il était aussi de Boubers sur
Canche ; par conséquence immédiate, elle prouve encore l'identité des deux branches, et, par suite, celle de la troisième sur Authie, puisque son berceau est Boubers sur Canche, ainsi que le dit l'auteur de l'objection que nous avons citée, et
qu'ils détruisent.

Terminons par une explication essentielle du mot *Curreni*, qui n'existe plus depuis que celui de Boubers lui a été substitué, lorsque les seigneurs de ce domaine
y ont transporté leur domicile, en abandonnant celui des monts Saint-Angilbert, véritable berceau des trois branches qui ont conservé le nom de Boubers avec diffé-
rents surnoms de seigneuries.

Currenis, par contraction de *curia*, cour; *in*, en ; *is*, eau. Le mot celtique *is*, eau,
s'est toujours conservé dans tous les noms qui signifient eau, et plus particulièrement
dans ce pays, dont la rivière principale ne s'appelle la Lys que par altération de son
véritable nom d'origine, l'*Ys*, que l'on trouve encore écrit ainsi dans les anciennes
cartes géographiques.

Currenis était donc une cour seigneuriale sur l'eau ; et, en effet, le château de
Boubers est baigné par la Canche, dont Rorgon d'Abbeville fut seigneur. Le dernier
de la branche aînée a été Louis d'Abbeville-Yvergny, qui ne laissa qu'une fille qui
épousa J. de Monchi, seigneur de Sénarpont. A la mort de Jean, la branche de
Boubers sur Authie devint l'aînée par Jean de Bouberch-Abbeville-Tunc, tige des
Boubers, vicomtes de Bernâtre ; Jean II ayant épousé l'héritière de la vicomté de
Bernâtre sur l'Authie, et ayant ainsi formé la branche connue sous ce surnom depuis 1564. (La filiation généalogique se trouve dans l'*Histoire du Cambrésis*,
3e part., p. 282.)

Cette preuve d'identité ressortirait encore si les documents ci-dessus déduits et discutés ne suffisaient pas pour prouver l'identité des trois branches de Boubers sur Canche, sur Somme et sur Authie (Bernâtre), d'une manière irrécusable, de la tombe dont nous joignons la gravure à cette notice.

Il est remarquable, disent à ce sujet les membres de la Société des antiquaires de Picardie, auteurs de la description de cette tombe, déposée dans le musée d'Amiens (description sur laquelle nous reviendrons plus loin), « que le nom d'Ab-« beville ne se trouve pas dans l'inscription ; mais *seulement* les armoiries de cette « antique famille sont gravées sur notre monument ; et *seulement* le nom de « Bouberch.

« De cette circonstance on doit tirer cette double induction : 1° que la maison de « Boubers a la même origine que celle d'Abbeville ; 2° qu'elle a toujours préféré « son nom de première origine, Bouberk de Waldberk, à ceux des seigneuries « qu'elle a possédées, tels que ceux d'Abbeville, Tunc, Bretelle, Ivregny, Chepi, « Boimont, Bernâtre, Vaugenlieu, Vitz et Miannai. »

Cette preuve ressortirait encore, au besoin, du blason d'armes de toute la noblesse de la chrétienté, dressé, en 1559, par le roi d'armes et généalogiste de Sa Majesté Catholique, à l'art. *Ponthieu.*

Pontevins à bannières.

« Le seigneur de Bouberch porte d'argent à trois escussons de gueules, et crie : Abbeville.

« Le seigneur de Chepy porte de Bouberch à un lambel de trois pièces. » Ce sont les armoiries gravées sur la tombe de Robert de Bouberch, chevalier, sire de Chepy, etc.

« Le seigneur d'Abbeville porte d'or à trois escussons de gueules. » (Remarquons que ce qui se nomme aujourd'hui, en blason, *écusson,* se nommait primitivement *cœur.*)

On pourra trouver le complément de ces documents dans le tome V des Mémoires de la Société, année 1842. On y trouve aussi un extrait des chroniques de Jéhan *li Biau*, depuis nommé Jéhan le *Bel*, desquelles Froissart, son continuateur, a *supprimé* le fait d'armes, si remarquable, de Jéhan de Bouberch à Oisemont, six jours avant la bataille de Crécy. On y trouvera sous le titre de Mémoires sur le manuscrit de Froissart de la bibliothèque d'Amiens, et en particulier sur le récit de la bataille de Crécy, une dissertation de M. le docteur Rigollot, suivie d'une lettre de M. le comte de Cairol, dans lesquelles ces deux savants, membres des plus distingués de la Société des antiquaires, démontrent les motifs auxquels on a tout droit d'attribuer les falsifications et les soustractions que Froissart a faites à notre histoire, et la preuve dans plusieurs circonstances, dont l'une des plus importantes est celle que Jéhan le Bel, témoin des faits, et dont Froissart ne fut que le continuateur, raconte en ces termes :

« Le combat, dit M. Rigollot, livré devant Oisemont, y est décrit avec des circonstances toutes nouvelles et des détails bons à recueillir (page 157 du tome V). Les voici :

« Et tant allerent les Anglés en cette manière qu'ils approchierent le ville de Oise-
« mont, là où tout le peuple de Vimeux estoit assamblés. Quant ces gens, qui
« estoient en Oisemont, virent approcher les Anglés, ils se traissent hors as camps
« et se quidièrent bien deffendre en contre yaux, et les coururent seure aspre-
« ment et vistement, et avoient pour capitainne un bon chevaliers bannereth. Le
« seigneur de Bouberk, hardi homme, durement là y eut grant hustin et dur, et
« eurent li Anglés si moult fort rencontre, et en y eut plusieurs navrés et bléchiés
« et trop bien se porterent li Franchois ; mais finablement ils furent si dur com-
« battut, et tant y survint de nouvelles gent sur yaux, que il perdirent la place et
« les convint partir et rentrer en le ville à grant méchief, et y fu li sires de Bouberk
« et bons chevaliers bien assallans et bien deffandans, et fut pris, et prisonnier à
« monseigneur Jéhan Candos, etc. »

« On sait combien, dans son séjour à Oisemont, Édouard était inquiet relative-
ment au passage de la Somme, et dans quelle position critique il se trouvait ainsi
acculé dans le Vimeu. « Ses marescaux, dit notre manuscrit, le trouverent moult
« pensieux comment il poroit passer le rivière de Somme, car bien savoit que ly
« roys de Franche le sieuwoisia tout tres grant éffort, et en fit li roy anglés parler
« a aucuns chevaliers franchois qu'il tenoit pour prisonniers et leur faisoit pro-
« mettre grant courtoisie mes que il volsissent enssigner un passage pour passer le
« Somme, le quelx devoit y estre en ou pays entre Vimeu et Pontieu. Mais li che-
« valiers pour leur honneur s'escusoient et disoient que nul n'en y savoient......
« Quant le roys englés... vit qu'il ne porroit attraire aucun chevaliers franchois à lui
« ensseignier passage pour passer tout son host le rivière de Somme, et tous s'es-
« cusoient pour leur honneur, il eut li roys englés un autre advis et conseil que il
« fist venir devant lui gens de meure estat, et de la droite nation dou pays de Vis-
« meu, qu'il tenoit pour prisonnière, et leur dit enssi : « Se il a chi homme nul qui
« me voeil ensseguier le passage pour passer le rivière et toute mon host, je le
« quitterai de sa prison, et avoecq lui v ou vi de ses compaignon pour l'amour de lui,
« et li donray vi nobles d'Engleterre. » Là eut un compaignon que on clammoit
« Gobin Agache, qui bien cognoissoit le passage de Blanketake, etc. »

« Le reste du récit est conforme à l'imprimé ; notre manuscrit est le seul où on
apprenne qu'Édouard se fût précédemment adressé en vain aux chevaliers qui
étaient ses prisonniers, et que tous refusèrent de trahir leur pays »

Ce passage fournirait matière à une foule d'observations qui n'ont pu être faites par
ceux qui ont écrit sur la bataille de Crécy. En voici une qu'il est trop dans notre
intérêt de présenter ici pour nous dispenser de la faire.

L'attaque faite par Jéhan de Bouberk contre l'armée du roi Édouard, où son fils,
le prince Noir, fit ses premières armes, et commandée par le fameux Jéhan Chandos, Warvik, et ses meilleurs capitaines, avec cinq cents hommes seulement, ras-
semblés inopinément, pour arrêter une armée de trente-cinq mille Anglais aguerris,
offre le caractère d'un dévouement connu en Europe sous le nom de *furia francese*, trop souvent fatale à la France. Elle le fut dans cette circonstance plus
que dans nulle autre, puisqu'il est évident que si, au lieu d'aller attaquer

Edouard le 20, il eût, dans les trois jours qui suivirent, réuni encore autant de combattants qu'il en avait le 19, et qu'il eût attendu le roi anglais à Bouberk, au passage de Blanktaque, ne l'eût-il arrêté qu'entre le flux et le reflux de la marée, Philippe de Valois arrivait, et forçait Edouard à mettre bas les armes, peut-être sans coup férir.

Quelle différence dans les suites de cet événement !

Point de bataille de Crécy, point de siége de Calais, point de bataille de Poitiers ni d'Azincourt, etc., etc.

Et Jéhan Chandos, fait prisonnier par Jean de Bouberk, à Bouberk, n'eût point fait prisonnier, quelques années après, à Auray (en 1360), notre célèbre connétable *Bertrand du Guesclin*. (*Voy*. le président Hénault.)

Enfin, pour qui connaît les localités de cette guerre et le terrain sur lequel ces faits ont eu lieu, il est évident que cet excès de bravoure de ce capitaine picard a eu pour fatal résultat tous les désastres que la France a subis pendant plus d'un siècle, faits que la vérité de l'histoire ne permet pas de ne pas mettre au jour, lorsqu'on les trouve consignés aussi authentiquement. Toutefois, l'honneur militaire de Jéhan de Bouberk ne put recevoir d'atteinte de n'avoir point réussi dans une entreprise aussi hardie qu'instante, puisque le non-succès n'a point amélioré la position de son adversaire, qui n'était pas moins dangereuse dans les marais du Marquenterre, entre la mer, la Somme, l'Authie et l'armée de Philippe de Valois, si, là encore, la *furia francese* n'était venue en aide à Edouard III.

Avant de quitter notre Jéhan de Bouberk, remarquons qu'il fut un des chevaliers du Ponthieu qui accompagnèrent (en 1325) Isabelle, fille de Philippe le Bel et femme d'Edouard II, roi d'Angleterre (et comte de Ponthieu, par sa mère), pour mettre Edouard III sur le trône d'Angleterre, et que ce fut encore lui qui fut nommé pour recevoir le serment d'Edouard III (comme comte de Ponthieu), de conserver et respecter les droits, libertés et priviléges de la ville d'Abbeville, lorsque le comté lui fut reconnu par le traité de Bretigny (en 1364).

Il était frère de Rorgon, vulgairement connu sous le nom de Ringois, qu'Edouard fit précipiter de la tour de Douvres dans la mer, pour refus de foi et hommage qu'il demandait, comme comte de Ponthieu. Ils descendaient tous deux de Rorgon, d'Abbeville (fils de Simon), à qui saint Bernard écrivit, en 1112, la lettre citée ci-dessus.

Notre Jéhan de Bouberk épousa Mahaut de Reinneval, vicomtesse de Bernâtre, et forma la branche depuis surnommée de ce titre, avec obligation d'en prendre le nom et les armes, et dans laquelle nous remarquerons : Jean IV, vicomte de Bernâtre, qui se rendit à l'appel que fit Henri IV, en 1597, pour reprendre Amiens, que les Espagnols occupaient par surprise ; il fut créé chevalier en 1544.

C'est à Daniel, son petit-fils, que fut délivré le certificat que voici :

« Louis de Valois, comte d'Alais, colonel de la cavallerie légère de France, commandant au gouvernement d'Abbeville et comté de France, certifions au roy notre souverain seigneur, et à tous qu'il appartiendra, que le seigneur de Bernâtre est un des trente gentilshommes que Sa Majesté nous a permis de retenir pour nous assister à la deffense et conservation dudit Abbeville et le service de Sa Majesté, et qu'il est à présent près de nous avec armes et équipages nécessaires à la deffense et conservation dudit Abbeville. En foi de quoi nous lui avons donné la présente attestation, conformément à l'intention de Sa Majesté.

« LOUIS DE VALOIS.

« Le 18 août 1536. »

Ce fut Daniel II (son fils), chevalier, vicomte de Bernâtre et de Boimont, seigneur de Tunc, la Motte, Bretel, Pinchefalise, qui reçut le commandement de la ligne de l'Authie par le brevet qui suit :

« Le roi m'ayant commandé de faire faire la garde sur la rivière d'Authie pour « empêcher les courses des ennemis, et ayant reconnu le seigneur de *Bernâtre* affec- « tionné au service du roy, nous l'avons commis pour commander à tous les passages « qui sont sur ladite rivière, enjoignant à tous ceux qui sont sur lesdits passages de le « reconnaître et de lui obéir, en tout ce qu'il leur commandera pour le service du roy.

« Signé MONTÉCLER, gouverneur pour le roy.

« Fait à Doullens le 6 août 1628. »

À la conclusion de la paix, il reçut de Louis XIV la lettre de licenciement en ces termes :

« Mons le vicomte de Bernâtre, me trouvant obligé, à l'occasion de la paix, de retrancher la plus grande partie des troupes que j'ai sur pied, j'ai résolu de licencier la compagnie de chevau-légers que vous commandez... et j'ai bien voulu vous faire cette lettre pour vous dire qu'aussitôt que vous l'aurez reçue, vous ayez à faire séparer les officiers et les chevau-légers de votre compagnie..... avec assurance que j'ai une entière satisfaction de *vos services*, et que je vous en récompenserai volontiers aux occasions qui s'en présenteront.

« Sur ce, je prie Dieu qu'il vous ait, mons le vicomte de Bernâtre, en sa sainte garde.

« Signé LOUIS.

« Écrit à Vincennes le 20 juillet 1660. ».

En effet, Louis XIV fit épouser à Louis, second fils de Daniel, Madeleine d'Orthe, fille de Louis d'Orthe, petit-neveu du vicomte d'Orthe, gouverneur de Bayonne sous Charles IX, à qui, à l'occasion de la Saint-Barthélemy, il fit la noble réponse conservée dans l'histoire, et nièce du marquis de Feuquières, gouverneur de Verdun, tué au siège de Thionville, qu'il dirigeait.

De ce mariage vinrent Daniel, l'aîné, dont les enfants n'en ont point laissé de mâles ; le second, Charles-Claude, que Louis XIV prit à la fin de sa vie dans ses pages.

Il laissa quatre fils. L'aîné, Amédée-Charles-Marie, que son aïeule, Madeleine d'Orthe, âgée de plus de cent ans, tint sur les fonts de baptême, le 15 avril 1765, aujourd'hui chef de nom et d'armes de cette maison, n'était point majeur à l'époque des assemblées de la noblesse pour les états généraux de 1789 ; mais il fut admis à aider son oncle Henri-Louis, dit le chevalier de Boubers, âgé de quatre-vingt-huit ans, à remplir les fonctions de président de celles des comtés d'Eu et de Ponthieu (réunies à Abbeville), remarquables par la générosité de leur cahier.

Henri-Louis et son frère Jérôme passèrent fort jeunes en Amérique auprès de leur grand-oncle, le marquis de Feuquières, qui y avait été envoyé par Louis XIV, avec le titre de vice-roi de toutes les îles françaises. Jérôme s'y maria et y a formé une branche qui y existe. Henri-Louis revint finir ses jours dans son pays natal, sans avoir été marié, à quatre-vingt-dix-sept ans.

La révolution ayant éclaté, le comte de Boubers, qui était entré au service dans le corps royal des carabiniers (commandés par Monsieur, depuis le roi Louis XVIII), dans lequel sa famille avait perdu plusieurs de ses membres, notamment à Crevelt, ne s'occupa que d'être utile à la cause à laquelle son devoir l'attachait. Il eût infailliblement sauvé l'infortuné Louis XVI si ce prince eût consenti à partir sans sa famille, seul moyen de réussite, ainsi que l'a prouvé le fatal événement du 21 juin 1791.

Après l'incarcération du roi il se rendit près de son chef, Monsieur, lieutenant général du royaume ; il eut l'honneur de porter près de sa personne son étendard, dans la campagne de 1792, à l'armée dite des Princes, et le bonheur de les sauver tous quatre du danger auquel ils se trouvèrent exposés dans le château de Sy, dans lequel une division de républicains allait les enlever sans obstacle pour les réunir à Louis XVI, alors dans la tour du Temple !!!

Rentré en France, non, comme le dit à son article la *Biographie des Hommes vivants*, au licenciement, mais lorsque Louis XVIII en donna l'autorisation par sa circulaire (en 1799), il resta constamment fidèle à ses principes; et il en fut récompensé par les témoignages les plus flatteurs tant de la part des princes, de celle de ses compagnons d'armes, que de la part de nos adversaires, qui ne lui ont pas épargné les persécutions incessantes, constatées par l'adresse au roi, remise, pour lui être présentée, en 1815, à M. le prince de Croï-Solre, commandant de la province, et dont l'apostille suffit ici pour en donner une idée.

« Ayant eu l'honneur de commander les volontaires royaux que M. le comte de
« Boubers Abbeville avait levés en Picardie, et avec lesquels il est venu me joindre
« pour faire rentrer les provinces d'Artois et de Picardie sous l'autorité du roi ;
« je m'empresse d'ajouter mon témoignage à la justice qui lui est rendue par
« toute la noblesse de la province.

« Le prince de CROÏ-SOLRE, commandant, etc., etc.

« Amiens, ce 20 juillet 1815. »

Pour tant de services qui datent des premiers jours de la révolution, le comte de Boubers n'a jamais pensé à autre récompense que la possession de ce qui lui appartient légitimement, « quand même ; » hors cela il aurait tout refusé, même la croix de

Saint-Louis, s'il eût été possible de ne pas l'accepter de la main même de Louis XVIII, qui, la détachant de sa boutonnière, la lui donna le 22 mars 1815, à Abbeville, lorsqu'étant venu s'y réfugier, il y reçut des habitants un accueil impossible à décrire, et tel qu'il autorisa le comte, lorsqu'en partant le roi lui demanda « ce qu'il pouvait faire pour une si *bonne ville,* » à lui répondre : « Sire, *bonne ville,* » ce qu'il accorda après une réplique de circonstance sur l'observation naturelle que fit le roi relative à l'importance de la population de la ville.

Au retour de Gand, l'ordonnance fut rendue après quelques difficultés suscitées par les véritables ennemis de la restauration qui déjà entouraient le roi, et levées par le témoignage de deux de ses capitaines des gardes du corps, à qui il avait commandé de « *s'en souvenir.* »

La ville a donc joui de la prérogative attachée au titre de *bonne ville,* notamment par la faveur d'avoir eu place, comme les autres bonnes villes, à l'espèce de sacre irrégulier du roi Charles X, récompense honorable qui lui était bien due. Le comte de Boubers met au nombre de ses titres d'honneur celui d'y avoir coopéré.

Au nombre des illustrations militaires de cette maison précédemment citées, il faut joindre Robert de Bouberch, dont la tombe est déposée dans le musée d'Amiens. La gravure ci-annexée peut donner une idée de ce monument, si intéressant sous les rapports de l'art et de l'archéologie nobiliaire des temps chevaleresques.

On trouvera la description de l'armure et de son costume dans le tome V des Mémoires de la Société des antiquaires de Picardie, traitée par M. Ch. Dufour avec tout le talent et les connaissances sur la matière que possède ce collègue, membre de la commission administrative du musée d'Amiens, etc.

Nous nous bornerons ici à relever une erreur et à fixer la vérité sur un point auquel il est naturel que nous tenions, parce qu'il est le plus important pour l'honneur de notre chevalier, que nous avons dit décoré de *l'ordre du Croissant,* ce qui est contesté par l'auteur de l'article par le paragraphe que voici :

« C'est à tort, selon nous, dit-il, que l'on a attribué à l'ordre du Croissant le collier dont se trouve ornée la statue de Robert de Bouberch, et qui se compose d'un ruban et d'une torsade de perles entrelacées, auxquelles est suspendu un médaillon entouré de grosses perles. »

Il convenait d'ajouter : « Et dans lequel est gravé un *croissant* » (ainsi qu'on le voit dans la gravure).

Puis, après avoir fait mention du premier ordre de ce nom, créé par saint Louis en 1262, l'auteur passe au second, « ..... érigé, dit-il, en 1448 ou 1464 par René « d'Anjou, roi de Jérusalem et de Sicile, dont la marque distinctive était un « collier, et sur lequel était gravé Loz. Quelle ressemblance y a-t-il entre ces deux « ordres et le collier de l'illustre chevalier ? *Aucune.* » — (Mais au moins le *croissant,* qui est la pièce essentielle de l'objet en discussion.)

Voici la conclusion de cette argumentation :

« Aussi nous pensons que c'est un simple ornement que l'artiste a figuré au cou « du chevalier picard. »

Il va nous être facile de la détruire par elle-même.

Et d'abord la réponse que nous opposons à celle du mot *aucune* est si précise et si évidente, qu'elle suffirait pour nous dispenser d'y ajouter la conséquence que nous fournit la citation qui termine l'article en ces termes :

« Ce sentiment s'appuie sur plusieurs monuments de cette époque, où l'on re-
« marque le même accessoire. Nous citerons seulement la planche LXVII des monu-
« ments de Montfaucon : elle nous représente Jeanne de Laval, seconde femme du
« roi René, portant au cou un collier *entièrement identique* à celui que l'on remarque
« sur la tombe de Robert de Bouberch. »

D'abord la coïncidence de la *parfaite identité* des *croissants* sur les colliers, avec celle des dates des deux institutions et celle de la tombe, si elle était l'effet du hasard, serait si extraordinaire, qu'elle nous donne le droit d'en chercher une autre raison plausible, telle que celle-ci, par exemple :

La première des deux dates que l'on assigne à sa création ne serait-elle pas celle de l'institution (en 1448) avec le collier que portait la reine, femme du roi René, si *entièrement identique* avec celui de Robert de Bouberch, qui aura été régularisé, perfectionné et fixé après la mort de la reine (en 1464), tel qu'il a été connu depuis, époque à laquelle Robert n'existait plus, ayant perdu la vie entre ces deux dates, dans la guerre de Guienne ? « Lui, l'un de ces hommes aux yeux de qui rien
« n'est fait tant qu'il reste encore à faire, ne s'était point contenté d'avoir pris une
« part active à la délivrance de son pays, en forçant les fameux Talbot d'abandonner
« nos villes du Chrotoi, de Saint-Valery, de Dieppe, et de se retirer à Rouen, où
« il fut fait prisonnier, le 10 novembre 1449.

« De la Normandie soumise, dit de Serres (p. 256), passons à la Guienne. Le
« commandement de l'armée fut donné au bâtard d'Orléans, dit le comte de Dunois.
« En 1450, les villes de Montguyon, de Blaye, bien attaquées, bien défendues, sont
« emportées de vive force ; Bourg, Libourne, Châtillon, Fronsac, Saint-Emilion, sont
« forcés de se rendre au brave Dunois ; Bordeaux se rend à la fin de 1451 ;
« en 1452 toute la Guienne est réduite à l'obéissance, et cette année finit par un
« contentement universel. »

Notre chevalier, qui, avec ses voisins et compagnons d'armes les sires de Rambures et de Rohaut, avait suivi Dunois, y perdit la vie, ainsi que les deux Talbot, qui avaient repris les armes.

Puis, nous allons trouver dans le président Hénault l'explication des rapports de guerre que le sire de Bouberch eut avec le roi René, et lui méritèrent la faveur de son ordre en récompense de ses services. On lit (année 1445) : « Le dauphin fait
« lever le siége de Dieppe au brave Talbot. Trêve de dix-huit mois commencée en
« 1444, et continuée jusqu'en 1448, que recommence la guerre. René d'Anjou, dit
« *le bon roi René*, qui avait perdu toute idée de conquérir le royaume de Naples, et
« qui était rétabli dans son duché de Lorraine, engage le roi à faire le siége de
« Metz... » Ce qui détermina le roi, était la nécessité d'employer ses troupes pen-
« dant la trêve avec les Anglais... (1448.) Les Anglais rompent la trêve. C'était le
« terme que la Providence avait marqué à nos disgrâces (c'est l'époque de la créa-

« tion de l'ordre du Croissant.) (1451.) Les comtes de Dunois, de Penthièvre, etc.,
« reprennent la Guienne. Bordeaux se révolte de nouveau, le roi s'en ressaisit
« malgré la résistance du brave Talbot, qui fut défait et tué à la bataille de Cas-
« tillon. »

Robert y perdit la vie, et fut rapporté à Abbeville, dans le lieu de la sépulture de
sa famille dans le couvent des Cordeliers, fondé par elle. (*Voy.* l'Hist. ecclés. d'Abbeville.)

Au nombre des illustrations acquises à cette maison, nous ne devons pas omettre
celles qu'elle a puisées dans les honneurs et les dignités de l'Église ; elles sont citées
dans les ouvrages qui traitent de ces matières : il nous suffira donc d'en donner ici
un résumé, que nous commençons par saint Valbert, ou Waldbert, comte d'Arques,
qu'il donna à l'abbaye de Saint-Bertin ; puis saint Aubert, évêque de Cambrai, de la
même famille, ainsi que saint Riquier ; saint Honoré ; saint Geoffroi, évêque d'A-
miens ; saint Angilbert, Abba-comes de Saint-Riquier, et comte de Ponthieu, l'ami,
le confident, et l'on peut dire l'*alter ego* de Charlemagne, et son cousin, par sa
mère Berte, fille, non d'un comte de *Laon*, comme l'ont dit quelques historiens,
mais d'un comte de *Loon*, près des monts Saint-Angilbert, résidence, à cette époque,
des Valbert, premiers possesseurs de cette partie de la Morinie, comme nous l'avons
dit plus haut. Dans les siècles postérieurs, deux cardinaux, un archevêque de Be-
sançon, deux évêques d'Amiens, Evrard d'Abbeville, de la branche des seigneurs
de Fouilloi, qui commença la cathédrale d'Amiens, terminée par Bernard d'Abbeville, de celle des seigneurs de Bouberch. De tous les évêques qui depuis sept
siècles ont occupé ce siége, il est, sans contredit, celui qui, par ses actes, a le
mieux mérité du diocèse. Il est superflu de rapporter ici ce qui en est consigné
dans les antiquités de la ville d'Amiens, à son article ; mais nous y ajouterons quelques particularités omises, qui méritent d'être tirées de l'oubli pour lui, et pour le
pays qu'elles honorent, parce qu'elles prouvent ses relations avec saint Louis. Ce
prince, modèle des rois, vint souvent à Abbeville ; il y tint, en 1259, un grand conseil ;
il y connut notre évêque Bernard d'Abbeville et Ide, dame de Bouberch, sa mère, qui
consacrait alors son hôtel à l'institution charitable, dite le Béguinage, à l'instar de
celles qui existaient en Belgique : c'est à son exemple que le saint roi, avant de
partir pour la sixième croisade dans laquelle il périt, fonda, hors d'une porte de
Paris, un Béguinage semblable à celui d'Abbeville, qui fut le premier (il devint, depuis, le couvent des Sœurs-Grises). Il fit nommer, à l'évêché d'Amiens, l'évêque
Bernard qui signa, avec son métropolitain, l'archevêque de Reims, la demande au
saint-siége de la canonisation de Louis IX, sous le vocable de saint Louis, et l'obtint,
après sa mort, par les soins de son successeur, Guillaume de Mâcon, en 1281.
Bernard-d'Abbeville étant mort, en 1278, après un épiscopat de vingt années, dans
lesquelles « il mit la dernière main à la cathédrale d'Amiens, il jouit un temps du
« contentement de voir un si bel édifice achevé (Antiquités d'Amiens, à son article),
« il y reçut plusieurs fois saint Louis. »

Nous croyons être autorisé à rappeler ici, et à réunir toutes ces particularités
sur cet illustre prélat, pour réparer le tort fait à sa mémoire par l'oubli auquel elle

est vouée dans l'*Histoire de la ville d'Amiens* (de 1852) qui ne l'y nomme pas, quoiqu'il y soit fait mention de treize évêques, dont aucun ne la méritait plus que lui, à qui *la Morlière* consacre un article plus considérable qu'à aucun des soixante-treize évêques dont il donne la biographie.

Observons ici qu'il était de la même famille qu'Évrard, dit de Fouilloi, à qui est attribuée l'entreprise de la cathédrale que Bernard termina; il n'y eut point sa sépulture parce qu'il voulut être inhumé à Abbeville, lieu de sa naissance, et dans l'église du Béguinage, que sa mère Ide de Bouberch avait fondée. Ainsi que nous l'avons dit ci-dessus, ils n'ont aucun rapport de famille avec Robert de Fouilloi, aussi évêque après eux, et qui était de celle de Croï, à laquelle appartenait alors la seigneurie de Fouilloi, dont il porta le surnom.

Si, et qui pourrait en faire l'objet d'un doute? « le culte des ancêtres a été dans « tous les siècles et dans tous les pays l'agent le plus puissant, après le christia- « nisme, de la civilisation des hommes en société ; sentiment auquel la démo- « cratie s'efforce, par la révolution hostile à tout ce qui est noble, de substituer, « sous le titre de l'égalité, l'égoïsme destructeur de l'humanité ; » pourquoi les femmes qui lui auraient rendu des services que comporte leur nature ne participeraient-elles pas, par le souvenir des enfants, à la reconnaissance qu'elles ont méritée?

« La religion des devoirs et des souvenirs (qui est bien le culte des ancêtres) « nous a été rendue avec nos princes légitimes, et ils ont rapporté de leur exil les « anciennes vertus nationales, comme autant de dieux domestiques. »

C'est par cette précieuse vérité que l'écrivain, éminemment français, dont la vie entière fut un continuel dévouement au *principe* par ses écrits, ses persécutions, l'exil, la prison, termine l'une de ses œuvres les plus remarquables. (Mélanges de littérature, etc.)

Ce noble auteur qui, par ses vertus, ses mœurs, ses talents et ses principes politiques, s'est élevé au-dessus de tous les éloges, même académiques ; ce véritable restaurateur de la noblesse de la littérature française, à qui le restaurateur de la monarchie française a accordé la noblesse politique, complément de la noblesse morale dont il avait fait preuve dans toutes circonstances, sans égard aux dangers qu'il courait, Ch. Nodier, que je pourrais me dispenser de nommer pour le faire reconnaître, et que je ne nomme que pour satisfaire à un sentiment de reconnaissance que l'on ne peut suspecter de flatterie, puisqu'il est déposé sur sa tombe encore entr'ouverte, est le maître qui a publié et remis au jour ces maximes civilisatrices, qui m'autorisent à consacrer quelques lignes de souvenirs à celles auxquelles la ville d'Abbeville doit quelques bienfaits.

Nous avons parlé du Béguinage, fondation due à Ide de Boubers ; nous devons y ajouter celle de l'institution pieuse et charitable, dite des Dames de la Consolation, bien plus méritoire qu'aucune autre, par son importance, son utilité et sa durée ; dont les fonctions, pour les dames en exercice, est de porter à domicile, à tous les pauvres et infirmes, des consolations et des secours de toute espèce.

Cette généreuse et pieuse institution, dite des *Dames de la Consolation*, la première et l'unique de ce genre, entretenue depuis trois siècles par le charitable et noble dévouement des dames de la haute classe du pays, n'a éprouvé d'interruption que par la terreur de 1792; elle fut rétablie, aussitôt leur sortie de prison, par feu mesdames du Maisniel de Belleval de Nempont, de Saveuse, du Liége, Cordier Obry, de Buissy, vicomtesse de Long, et autres, incarcérées comme mères d'émigrés et suspectes. Elle avait été fondée par Madeleine de Boubers-Boubers, fille de J. de Boubers-Abbeville-Tunc, femme de Daniel de Boubers, vicomte de Bernâtre, Boimont, Bretel, etc., son cousin; Rachel de Longjumeau, femme de Jacques de Boubers, auteurs de Daniel susdit; et Bernarde, sœur de Rachel, femme de J. de Montmorency, marquis d'Equancourt, leurs oncle et tante; elles étaient petites-filles de Souveraine d'Angoulême, sœur légitimée du roi François Ier, modèle des chevaliers, qui, ayant tout perdu, « *fors l'honneur,* » pensait n'avoir rien perdu; et qui, en 1527, dans une assemblée des notables du royaume, dit ce que répéta Henri IV dans une semblable circonstance : « ..... Né gentilhomme et non roi, je parle en gentilhomme et veux en garder les priviléges. » Ces deux rois, vrais gentilshommes (*gentis homines*), type de la véritable noblesse (*nobilitantes*), hommes de la nation, combattant pour elle, ne peuvent être mieux choisis pour terminer, par cette citation historique, la notice de notre noble chevalier banneret Robert de Boubers, dont le nom n'a jamais fait défaut aux appels de nos rois pour toutes les guerres, attaques et défenses des villes les plus importantes, telles que Bordeaux, Blaye, Castillionet, Dieppe, le Chrotoi, Saint-Valery, Amiens, Rouen, Abbeville, etc., sous la bannière des lis, insignes auxquels l'honneur fut toujours « *fidelis, et fidelior in adversis.* »

BIBLIOTHÈQUE IMPÉRIALE
IMPR.

TOMBE

DE

ROBERT DE BOUBERCH,

CHEVALIER, SIRE DE CHEPY, ETC.,

CHEVALIER DE L'ORDRE DU CROISSANT ;

MORT DANS LA DERNIÈRE CAMPAGNE DE LA GUERRE DE GUIENNE EN 1451 ;

AUJOURD'HUI DÉPOSÉE DANS LE MUSÉE D'AMIENS.

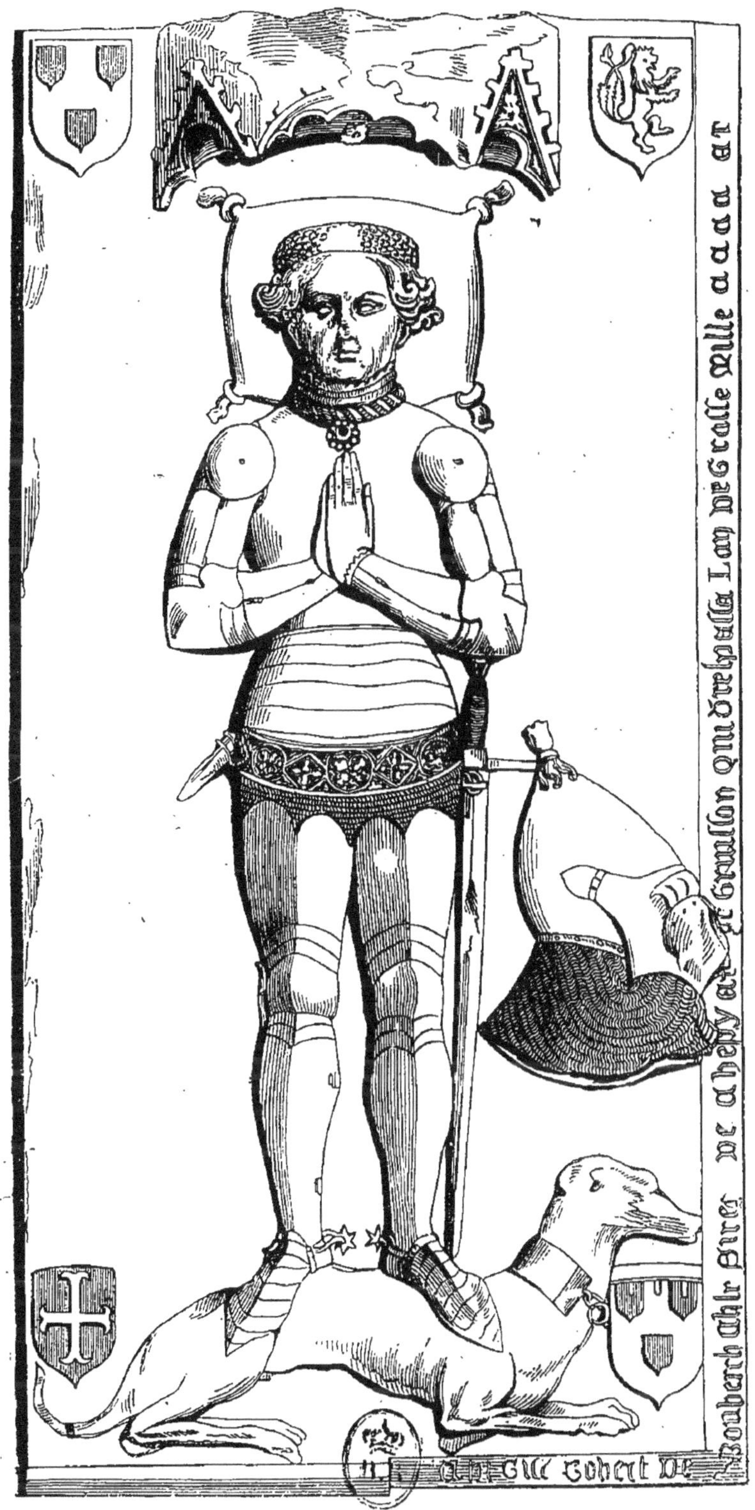

Cette pierre est la seule que le représentant de la famille ait pu arracher au vandalisme destructeur de 1791 pour la conserver. Toutes les autres, qui recouvraient les tombes des Boubers-Abbeville, qui avaient leur sépulture dans l'église des Cordeliers, fondée par eux, dans leur hôtel, à dater de Guillaume *d'Abbeville*, seigneur *de Tunc*, en l'an 1250 (*Histoire du Ponthieu*, p. 159), ont subi le sort de tous les monuments marqués du sceau de la religion et du culte des ancêtres, et ont été englouties dans les fondations des bâtiments qui ont remplacé ce monument de la piété de nos pères.

ARMOIRIES.

Deux des quatre écussons que porte la pierre tumulaire sont à trois cœurs de gueules, aujourd'hui nommés en blason écussons, posés deux et un.

Ces trois cœurs, d'après une ancienne légende, se rapportent à ceux des trois frères de Waldbert assassinés en trahison par ordre de Clovis ; et sont restés à ses descendants pour insignes dans leurs armoiries, avec les différentes brisures que prescrit la règle héraldique pour les branches cadettes.

« Il est à remarquer, dit à ce sujet la notice de la Société des antiquaires, que, « bien que le nom *d'Abbeville* ne se trouve pas dans l'inscription, mais seulement « ses armoiries et seulement le nom de *Bouberch* ; de cette circonstance on doit « tirer cette induction : 1° que la maison de Boubers a la même origine que celle « d'Abbeville ; 2° qu'elle a toujours préféré son nom primitif aux surnoms de ses « seigneuries. »

Les preuves authentiques en résultent du manuscrit autographe vérifié par MM. les commissaires de la Société des antiquaires de Picardie, intitulé :

« *Recueil du Blason d'armes de toute la noblesse de la chrétienté, rangés selon* « *leur ordre*, etc. (l'an 1559), vu et corrigé par moi, roy d'armes et généalogiste « de Sa Majesté Catholique, etc. »

On y lit, au folio 25, n° 60 : « *Pontevins* à bannières. »

« N° 1. Le sieur de Bouberch porte d'argent à trois escussons de gueules ; et « crie Abbelle.

« Le sieur d'Abbeville porte d'argent à trois écussons de gueules.

« Le sieur de Sépy (Chepy) porte de Bouberch, au lambeau d'azur. (La bran- « che aînée portait d'or ; argent est une brisure.) »

Sur quoi, la notice de la Société des antiquaires dit : « Cette identité de noms, « surnoms, armoiries, cris, pays et seigneuries démontre incontestablement celle « de race, de maison et d'origine, dont le primitif est Waldbert, » ainsi que l'éta- blit le cartulaire de l'abbaye de Saint-Aubert, de Cambrai, en ces termes : « Un « Walbert est l'auteur du *nom* des seigneurs de Boubers, » dont le berceau d'ori- gine est *Bouberch*, au pied des monts *Saint-Inglevert* (jadis *Angilbert*), d'où, par l'effet des guerres, ils sont venus s'établir sur Canche et sur Somme, puis sur l'Authie, à Bernâtre (*Bernardi castrum*) par l'alliance de Jean II avec Mahault, fille de Raoul, à la condition de prendre les titres, nom et armes (qui sont de Reinneval) tant qu'ils posséderaient cette vicomté. Ils ne les ont quittés, en consé- quence, pour reprendre leurs nom et armoiries primitifs, qu'à la mort de Charles- François (qui ne laissa que des filles de Marie-Charlotte de Clément, issue d'Albéric Clément, maréchal de France héréditaire), cousin germain du chef actuel de cette maison, depuis son décès.

TABLEAU

SYNOPTIQUE ET GÉNÉALOGIQUE

DE LA PREMIÈRE RACE DES COMTES DE PONTHIEU.

Ragnacaire, roi de Cambrai, eut quatre fils, trois desquels, Rangcaire, Ricaire, Ricomer, furent massacrés par ordre de Clovis. Walberk ou Auberon, le quatrième fils, échappa seul ; il eut :

Ansbert.
Arnould.
Angesise.
Pepin d'Herstel.
Charles Martel.

Walbert. (*Histoire du Cambrésis,* pag. 338.)
Walbert Ier, comte d'Arques.
Walbert II, comte de *Loon.*
Walbert III, comte de Ponthieu.

Childebrand.
Nebelon.
Théodebert.
Robert le Fort.
Eudes.
Robert.
Hugues le Grand.
Hugues Capet.

Pépin le Bref, épouse Berte, mère de Charlemagne.

Walbert IV.
Walbert.

Louis.
Etc.

Berte, épouse Angilbert, abbé-comte de Ponthieu.

Nitard. Harnide.
Hugues Ier.
Hilgaud.
Hilduin.
Roger.
Guillaume.
Hernicule.

Robert.
Etc.

Giselle, à qui Hugues Capet donne pour dot Abbeville, ... (*Voy.* l'Hist. du président Hénault.)

.... épouse .... Hugues II, comte de Ponthieu.

Guillaume.
Enguerrand.
Thibauld.
Hugues IV.
Simon.
Rorgon.
Girard Ier.

Enguerrand.
Hugues III.
Gui.
Agnès épouse Robert (Tige de la maison *d'Alençon-Ponthieu*).

Guillaume, épouse Ide, dame de Bouberch-Abbeville.

Raoul, sire de Reinneval, vicomte de Bernâtre.
Mahault, épouse. .

Guillaume.
Jean Ier.
Hugues V.
Gui ou Guillaume.
Hugues VI, dit Gadifer.
Jean II. Rorgon dit Ringois d'Abbeville.

Girard II.
Girard III.
Emond.

Jean, cardinal.
Bernard, évêque d'Amiens, 1275.

Robert, chevalier, banneret, sire de Chepy, etc.

Pierre, Tige des vicomtes de Bernâtre, continue la branche qui, devenue aînée, par le décès de Charles-François, mort sans enfants mâles, reprit les nom, titre et armoiries de *Boubers-Abbeville-Tuncq.* La filiation de Jean II et de Mahault se trouve dans l'*Histoire du Cambrésis* et autres ouvrages généalogiques, et dans les Preuves de l'ordre de Malte aux noms de Boubers, Vaugenlieu, Mélicocq, issus de Jean II.

TYPOGRAPHIE
SCHNEIDER ET LANGRAND,
rue d'Erfurth, 1.